Парамаханса Йогананда
(1893–1952)

Научно-лечебни утвърждения

Теория и практика на концентрацията

от

Парамаханса Йогананда

Научно приложение на съсредоточаването и утвържденията
за лекуване на нарушения в целостта на тялото,
ума и душата чрез разум, воля, чувства и молитва

Self-Realization Fellowship
FOUNDED 1920 BY PARAMAHANSA YOGANANDA

*Посвещава се на моя Гурудева,
Джнанаватар Свами Шри Юктешвар,
с цялата ми любов, уважение
и преданост*

~

За книгата

Когато, преди повече от седемдесет години, Парамаханса Йогананда представя основните положения и техники на научно-лечебните утвърждения, десетилетия го делят от световните открития, след които в домовете на хората започва все по-често да се говори за „лекуване на ума и тялото“. През годините, изминали оттогава, неговото новаторско произведение научава стотици хиляди читатели на основни умения за пряк достъп до и начини за прилагане на забележителната лечебна сила, скрита във всяко човешко същество – умения, които сега си проправят път в традиционната медицина чрез съвременния поглед, който сближава сферите физика, психология, неврология и духовност.

Парамаханса Йогананда за първи път изнася урок върху науката на утвърждаването и божественото лекуване през 1924 г., по време на една своя лекция в Портланд, Орегон. Оттогава насам молитвените утвърждения, заедно с удивителните обяснения за научните и духовните принципи, които ги карат да действат, стават част от много негови лекции и поредици от занятия върху философията и медитацията от пътя на йога. Тези уроци се изнасяли пред препълнени зали в големи американски градове. Една статия във вестник *Вашингтон Пост* от 17 януари 1927 г. е посветена точно на такъв случай:

„Над 5000 души, сред които известни местни личности, се включиха в напяването на бавните и басови утвърждения от урока за научно лекуване, изнесен от Свами Йогананда – индийски учител, метафизик и психолог, основател на няколко центъра на Йогода из цялата страна, вчера вечерта в аудитория Вашингтон.

Подобните на наричане повторения завършиха с многократно повтореното „Аз съм здрав, защото в мен си Ти", последвано накрая от мелодичен напев на думата [*Ом*], който продължи повече от минута...

Свами обясни, че получава силата да лекува от Космичния Дух, или Бог. Това постига чрез съсредоточаване и като резултат от своята преданост и вяра в утвърждаваното. Така добитата сила той разпраща към събралите се хора с посредничеството на вълни трептящ звук, който според него предизвиква промяна в химическата структура на клетките на тялото и пренареждане на клетките на мозъка. Условието за успех е получателите на тези вибрации да са се съсредоточили по необходимия начин и да са изпълнени с преданост."

„Твоята вяра те спаси." Парамаханса Йогананда често цитира тези думи на Исус Христос, като обяснява, че това как човек ще се повлияе от лечението е в пряка зависимост от вътрешната възприемчивост на човека. Във вестник *Синсинати Инкуайърър* от 16 октомври 1926 г. са поместени няколко думи от самия автор по въпроса за лечебната сила на напевите и утвържденията:

„Пред неподготвена публика от 3000 души в Карнеги Хол в Ню Йорк, и пред почти точно толкова голяма тълпа в Мемориалната зала на войниците в Питсбърг, без никаква предварителна подготовка аз започнах да напявам и помолих хората да се присъединят към мен. Докато изпълнявахме тези напеви, тези утвърждения, помолих всички да се отпуснат и да се замислят върху думите на утвържденията за здраве, успех и духовно осъществяване, които редувахме. ..."

Светците на Индия от древността са познавали това изкуство: знаели са как вибрацията на определени ноти, освободена във въздуха чрез произнасяне на ведически напеви с определена интонация, служи като тласък за пробуждане на тихата лечебна сила на Бог и за раздвижване на космичната енергия, за да успее тя по-бързо да изчисти болест, мъка или бедност."

Скоро след като Парамаханса Йогананда започва открито да говори по тези въпроси, излиза и първото издание на *Научно-лечебни утвърждения* под шапката на неговата организация и до наши дни книгата постоянно се допечатва. През годините Self-Realization Fellowship допълва следващите издания с утвърждения, представени от Шри Йогананда в негови беседи и обучения, които води на по-късен етап. През 30-те и 40-те години на XX век великият учител почти винаги започва или приключва своите вдъхновяващи служби в основаните от него храмове на Self-Realization Fellowship с водено утвърждение за изцеление, за пробуждане на силна воля или преданост, или за възприемане на Божието присъствие.

Настоящата книга, както впрочем и останалите произведения от Парамаханса Йогананда, представляват необикновено явление в издателския

свят: вместо да реализира големи продажби, след
което да потъне в забрава, в годините след първото
отпечатване и досега това заглавие се радва на
широка и нарастваща популярност. Време е поредно
поколение да открие за себе си този класически
наръчник за лечение чрез чудодейната мощ на
жизнената енергия *прана* – животворна сила,
която е в сърцето не само на науките за лекуване
в по-високоразвитите древни цивилизации, но и на
„медицината на ума и тялото" на бъдещето.

—*Self-Realization Fellowship*

Духовният завет на Парамаханса Йогананда

Неговите пълни произведения, лекции и беседи

Парамаханса Йогананда основава организацията Self-Realization Fellowship през 1920 г. със стремежа тя да разпространява ученията му по света и да пази тяхната чистота и цялост за бъдещите поколения. Продуктивен автор и лектор, още в ранните години от живота си в Америка той създава редица свои емблематични трудове върху науката за йога медитация, изкуството за водене на балансиран живот и единството в основата на всички велики религии. Неговото безценно духовно завещание живее и до днес като вдъхновява милиони търсещи истината хора по целия свят.

Вярна на изричното желание на великия учител, Self-Realization Fellowship продължи неспирно да работи върху издаването на *Пълните произведения на Парамаханса Йогананда* и днес негови книги продължават да излизат от печат. Сред тях са не само последните издания на заглавия, които той публикува приживе, но и много нови книги – трудове, останали непубликувани преди да си отиде от този свят през 1952 г., а също и творби, които през годините са се появявали в непълен вид в списанието на SRF. Излизат и стотици други изключително вдъхновяващи лекции и неформални беседи, записвани на звуков носител, но непоявили се на хартия преди Йогананда да напусне тялото си.

Парамаханса Йогананда лично избра и обучи онези свои близки ученици, които да оглавят Издателския съвет на SRF, и им даде конкретни указания относно подготовката и издаването на неговите учения. Членовете на Издателския съвет на SRF (монаси и монахини, дали пожизнен обет за нестежание и безкористно служене) гледат на тези наставления като на своя свещена отговорност, защото само така универсалното послание на този обичан световен учител ще продължи да живее с изначалната си сила и истинност.

Логото на Self-Realization Fellowship бе избрано от самия Парамаханса Йогананда (вж. предишната страница) за знак, който да обозначи основаното от него сдружение с идеална цел – единствения упълномощен източник на неговите учения. Наименованието SRF и логото са неразделна част от всяка публикация, аудио- и видеозапис. Те удостоверяват, че съответното произведение е издание на организацията, основана от Парамаханса Йогананда и предава ученията му според неговата воля.

—Self-Realization Fellowship

СЪДЪРЖАНИЕ

ЧАСТ II

Как да практикуваме

ЧАСТ I

ТЕОРИЯ НА ЛЕКУВАНЕТО

1
Защо утвържденията действат

~

Човешкото слово е Духът в човека. Изговорените думи са звуци, породени от вибрациите на мислите; а мислите са вибрации, изпратени от егото или от душата. Всяка дума, която произнасяте, трябва да бъде заредена с духовна вибрация. Думите на човека са безжизнени, ако той не успее да ги насити с духовна сила. Дърдоренето, преувеличаването или лъжата правят приказките ви безсилни като хартиени стрелички, изстреляни от детска пушка. Слабо вероятно е речта и молитвите на бъбривите или некоректни хора да доведат до положителни промени. Думите на човек трябва да отразяват не само истината, а и да показват точно какво той разбира и осъзнава. Реч без духовна сила е като шушулка без бобчета.

ДУХОВНАТА СИЛА В ЧОВЕШКОТО СЛОВО

Думите, наситени с искреност, убеждение, вяра и интуиция, са като силно взривоопасни вибрационни бомби, които, щом се възпламенят, разбиват скалите на трудностите и създават желаната промяна. Избягвайте да говорите неприятни думи, дори и да са верни. Искрените думи или утвърждения, повтаряни с разбиране, с желание и чувство, определено трогват Космичната Вибрационна Сила, която е навсякъде, и тя ще окаже съдействие във вашето затруднение. Призовете тази Сила с безкрайна увереност и изгонете всяко съмнение – в противен случай стрелата на вашето внимание ще бъде отклонена от целта.

След като сте посяли семето на своята трептяща молитва в почвата на Космичното Съзнание, не го разравяйте постоянно, за да проверявате дали е покълнало. Позволете на божествените сили да работят необезпокоявано.

ЧОВЕШКАТА СИЛА Е ПОЛУЧЕНАТА ОТ БОГ

Нищо не е по-велико от Космичното Съзнание, от Бог. Неговата мощ далеч превъзхожда тази на човешкия ум. Търсете единствено Неговата подкрепа. Но този съвет не означава, че трябва да станете бездейни, безучастни или лековерни, нито пък да омаловажавате силата на своя собствен ум. Господ помага на тези, които сами си помагат. Той ви е дал сила на волята, концентрация, вяра, разсъдък и здрав разум, за да ги използвате, когато се опитвате да се освободите от телесни и умствени страдания. Прилагайте всички тези способности и наред с това Го призовавайте на помощ.

Когато произнасяте молитви или утвърждения, винаги вярвайте, че употребявате *своите собствени*, но *получени от Бог* способности да лекувате себе си или другите. Искайте подкрепата Му, но осъзнайте, че самите вие – като Негови любими деца – използвате волята, чувствата и разума, които Той ви е дарил, за да се справите с всичко, което много ви тежи. Трябва да се постигне равновесие между средновековната идея за абсолютна зависимост от Бог и съвременния навик за уповаване единствено на егото.

Използване на волята, чувствата и разума

Така както човек използва различни утвърждения, така и трябва да променя нагласата на ума си; например утвържденията за воля трябва да се придружават от силна решителност, емоционалните утвърждения – от чувство на преданост, а утвържденията за разум – от ясно разбиране. Когато лекувате други хора, изберете утвърждение, което да подхожда на присъщия нрав на вашия пациент – какъв е неговият модел на реакция, как създава и управлява идеи, кога и какви емоции изпитва и как осмисля информацията. Макар че е от първостепенно значение утвържденията да се правят с голяма събраност на вниманието, повторението и постоянството са също много важни. Насищайте своите утвърждения с преданост, воля и вяра, правете ги съсредоточено и многократно, без да мислите за резултатите, които ще дойдат по естествен път като плод на вашите усилия.

Когато се захващате с лекуване на физическото тяло, насочете вниманието си не към болестта, за да не се обезсърчите, а върху безграничните сили на ума. Когато използвате ума си, за да превъзмогвате страх, гняв, лоши навици и т.н., съсредоточете се върху противоположното качество. За да излекувате страха например, насочете съзнанието си към смелостта, гнева победете с мисли за мир, слабостта – с нагласата за сила, а болестта – със стремеж към здраве.

ОТГОВОРНОСТТА НА УМА ЗА ХРОНИЧНИТЕ ЗАБОЛЯВАНИЯ

Когато се опитва да лекува, човек често се концентрира повече върху парализиращата сила на болестта, отколкото върху възможностите на лека̀, като по този начин позволява на болестта да превземе не само физическото тяло, а и ума. Това особено важи за повечето случаи на нервност. Всяка мисъл за депресия или щастие, раздразнителност или спокойствие, прокарва фини бразди в мозъчните клетки и засилва предразположението към разболяване или благополучие.

Подсъзнателната мисъл-навик за болест или здраве упражнява силно влияние. Упоритите болести на ума или тялото винаги са дълбоко вкоренени в подсъзнанието. Една болест може да бъде излекувана като се изтръгнат скритите ѝ корени. Ето защо всички утвърждения на съзнателния ум трябва да бъдат *достатъчно впечатляващи*, за да проникнат в подсъзнанието, което от своя страна автоматично повлиява на съзнателния ум. По този начин добре изпълнените съзнателни утвърждения оказват своето влияние върху ума и тялото като използват подсъзнанието за посредник. А още по-добре изпълнените утвърждения отекват не само в подсъзнателния, а и в свръхсъзнателния разум, който е вълшебната съкровищница с чудотворни сили.

Тези извления на Истината трябва да се произнасят с желание, без принуда, интелигентно и с преданост. Не позволявайте на ума да се разсейва и колебае. Подобно на немирно дете, връщайте блуждаещото си внимание отново и отново към възложената му задача. За да е способно на това, вие го обучавайте с постоянство и търпение.

НУЖНИ СА ВНИМАНИЕ И ВЯРА

За да стигнат всички утвърждения до свръхсъзнанието, те трябва да са свободни от неувереност и съмнения. Когато се обединят внимание и вяра, тяхната светлина може да отведе дори и не съвсем разбраните утвърждения до подсъзнателния и свръхсъзнателния ум.

Търпението, съчетано с повторение – изпълнявано с внимание и разбиране, може да направи чудеса. Утвържденията за лекуване на хронични умствени или телесни заболявания трябва да се повтарят често, задълбочено и с постоянство (като напълно се пренебрегва дали състоянието остава непроменено, или дори, евентуално, се влошава), докато не се превърнат в неразделна част от интуитивните убеждения на човека. По-добре е да умрем, ако смъртта се задава, но с ум, изпълнен с мисли за съвършено здраве, отколкото да считаме, че дадено умствено или физическо заболяване е неизлечимо.

Въпреки че (в съответствие със сегашното човешко познание) смъртта задължително слага край на тялото, „сетният му час" може да се отложи чрез силата на душата.

2

Жизнената енергия е тази, която лекува

✍

Господ Исус каза: „... не само с хляб ще живее човек, а с всяко слово, което излиза от Божии уста"[1].

„Словото" е жизнената енергия, космическата вибрационна сила. „Божии уста" е медула облонгàта в тилния дял на мозъка, който преминава в гръбначния стълб. Тази най-важна част от човешкото тяло представлява божественият вход („Божиите уста") за „словото", тоест за жизнената енергия, която поддържа човека. В индуистките и християнските свещени писания Словото се нарича съответно Ом и Амин.

Единствено тази Съвършена Сила може да лекува; всички външни способи за въздействие могат само да сътрудничат на жизнената енергия, но са безполезни без нея.

---

[1] Матей 4:4. Вж. Йоан 1:1 – „В начало беше Словото, и Словото беше у Бога, и Бог беше Словото". (Всички библейски цитати са по изд. на св. синод на БПЦ, 1993 г.)

ЛЕК СПОРЕД НРАВА

Традиционната медицина, масажите, наместването на гръбнака или терапията с електроимпулси могат да помогнат да се възвърне изгубеното равновесно състояние на клетките като внасят химични вещества в кръвта или чрез физиологично стимулиране. Това са външни методи, които понякога помагат на жизнената енергия да извърши лечението, но те нямат силата да повлияят на мъртво тяло, от което жизнената енергия е отлетяла.

Според това какъв е човек – дали е визионер, интелектуалец, войн, дали е силно амбициозен, чувствителен, човек със силна воля – следва да има и използва като похвати съответно въображение, здрав разум, усърдие, вяра, емоции и воля. Това е известно на малцина. Емил Куѐ подчертава значението на самовнушението[2], обаче човек, който се

---

2 Методите по психотерапия на Куѐ се основават върху силата на въображението, а не върху силата на волята. Той си служи с шаблонни внушения като известното „Всеки ден и във всяко отношение аз ставам все по-добър и по-добър". На теория, ако човек отново и отново си повтаря такива мисли когато умът му е възприемчив, мисълта ще потъне в подсъзнанието и ще премахне мислите, които водят до безпокойство и болест.

води от интелекта си, не се поддава на внушения и се повлиява единствено от метафизично обсъждане на силата, която съзнанието има върху тялото. Такъв човек има нужда да осмисли всяко „защо" и „затова" по темата за силата на ума. Ако той може, например, да осъзнае, че е възможно да се предизвика появата на мазол чрез хипноза, както Уилям Джеймс описва в своя труд *Принципи на психологията*, то същият този човек би разбрал и как силата на ума може да излекува страданието. Ако може да влошите здравето си чрез ума, то умът е способен да предизвика и подобряване на вашето здраве. Със силата на ума са се оформили различните части на тялото; той е този, който ръководи производството на телесни клетки и който може да ги зареди отново с жизнена енергия.

Самовнушенията са безсилни и при хора със силна воля. Такъв човек може да се излекува от свои болежки чрез утвърждения, които стимулират повече тази негова воля, отколкото въображението му. При все това, ако някой има подчертано емоционален темперамент, самовнушенията биха му послужили.

СИЛАТА НА ЧУВСТВАТА И ВОЛЯТА

Записан е случай за емоционален човек, който губи способността си да говори, но след време я възвръща при бягството си от горяща сграда. Шокът при вида на пламъците го накарал да извика „Пожар! Пожар!" и да забрави, че до този момент е бил неспособен да говори. Силната емоция победила неговия подсъзнателен навик-болест. Този случай илюстрира лечебната сила на наситеното внимание.

По време на моето първо пътуване с параход от Индия до Цейлон аз внезапно получих пристъп на морска болест и се освободих от ценното съдържание на стомаха си. Силно възнегодувах срещу станалото – беше ме връхлетяло по време, когато се наслаждавах на първата си среща с плаваща стая (каютата) в носещото се по вълните селце, което представляваше параходът. Бях решен никога повече да не допусна да бъда изигран така. Вдигнах крак, приземих го върху пода на каютата с решимост и заповядах на своята воля повече никога да не допуска да ме хваща морска болест. По време на следващите ми плавания – за месец до Япония и обратно към Индия, за петдесет дни от Калкута до Бостън и за двайсет и шест дни от Сиатъл до Аляска и обратно – повече никога не ми прилоша.

РАЗДВИЖВАНЕ НА ЖИЗНЕНАТА ЕНЕРГИЯ

Волята, въображението, разумът или зарядът на чувствата не могат сами по себе си да извършат физическо излекуване. Те играят ролята на различни посредници, които – в съгласие с нрава на отделния човек – могат да насърчат жизнената енергия да изцери страданието. Ако, да речем, ръката ви се парализира, но неспирно подтиквате волята или въображението си към действие, жизнената енергия може внезапно да нахлуе в увредените нерви и да ги излекува.

Повтаряйте утвържденията продължително време и с непоколебимост, така че волята, разумът или чувствата да съберат достатъчно сила, за да раздвижат бездейната жизнена енергия и да я тласнат обратно към правилните ѝ пътеки. Никога не подценявайте важността на усилия, които полагате *многократно* и с *все по-голяма задълбоченост*.

При сеитба успехът зависи от две неща: силата на семето и годността на почвата. По сходен начин, когато лекуваме, в основата на всичко стоят силата на лечителя и възприемчивостта на пациента.

„Силата (т.е. целебната сила), която излезе от Него" и „твоята вяра те спаси"[3] са библейски думи, които показват нуждата както от лечител със сила, така и от болен с вяра.

Великите лечители са хора с божествена реализация, които лекуват не по случайност, а благодарение на точни знания. Те напълно разбират как се командва жизнената сила и могат да излъчат енергиен заряд към пациента, с който да хармонизират протичането ѝ в границите на неговото тяло. По време на лечението тези хора действително виждат как психо-физичните закони на Природата работят в тъканите на болния човек и го изцеляват.

Недотам напреднали духовно хора също са способни да лекуват себе си и другите, като ясно си представят как вливат жизнена енергия в пострадалата част на тялото.

Възможно е да настъпи и мигновено излекуване

---

3 Марко 5:30 и 5:34.

на физически, умствени и духовни болести. Дори тъмнината, събирала се с години, ще се разсее незабавно, ако внесем светлина, но не и ако само опитваме да изгребем мрака. Никой не може да предскаже кога точно ще бъде излекуван, така че не се опитвайте да поставяте срокове във времето. Вярата, а не времето, ще определи кога ще подейства даден лек. Резултатите зависят от правилното подбуждане на жизнената енергия, както и от състоянието на съзнанието и подсъзнанието в индивида. Липсата на вяра сковава жизнената енергия и спъва безупречната работа на този божествен майстор-медик, на този златорък зидар – съвършен строител на тялото.

Важно е да полагате внимание и усилия, за да достигнете такова ниво на вяра, волева сила или въображение, което автоматично ще тласне жизнената енергия да осъществи лечение. Жадуването на определени резултати или изразяването на очаквания в тази посока отслабват силата на истинската увереност. Ако не вложите воля и вяра, жизнената енергия ще остане спяща или ще стои бездейна.

Необходимо е време, за да се възвърне силата на отслабените воля, вяра или въображение при някой, който страда от хронично заболяване, защото мислите за боледуване вече леко са белязали неговите мозъчни клетки. Така, както би ви отнело много време, за да създадете лошия навик в съзнанието си да се поддавате на болести, ще ви отнеме поне известно време, за да изградите добър навик осъзнато да се определяте като здрав.

Ако вие утвърждавате „Аз съм добре", но на заден план в ума си се съмнявате в това, е все едно да приемате две лекарства, които взаимно се неутрализират. Когато използвате силата на мисълта като лекарство, трябва да внимавате да не обезсилите правилната мисъл с погрешна. За да може една мисъл да действа и да доведе до успех, трябва да бъде наситена с такава волева сила, че да преодолее съпротивата на противодействащите ѝ мисли.

СИЛАТА НА УТВЪРЖДЕНИЯТА Е В ТЯХНАТА ИСТИННОСТ

Преди да доведат до резултат, мислите трябва да бъдат разбрани и приложени правилно. Първоначално идеите идват в ума на човек в суров и необработен вид и е необходимо да бъдат шлифовани чрез задълбочено размишление. Мисъл, в която не си убеден от душа, няма никаква стойност. Ето защо хора, които си служат с утвърждения, без да схващат истината, на която стъпват те – неразривното единство на човека с Бог, получават слаби резултати и се оплакват, че мислите нямат лечебна сила.

3

Лекуване на тялото, ума и душата

В образа си на смъртно същество, човекът е триединен. Той копнее да се освободи от всички видове страдание. Неговите нужди са:

1. Да се излекува от болестите на тялото.

2. Да се излекува от болестите на ума или психиката като страх, гняв, вредни навици, пораженческо мислене, липса на предприемчивост и увереност и т.н.

3. Да се излекува от болестите на духа като безразличие, липса на цел, интелектуална гордост и сляпо следване на определени догми, мнителност, удовлетвореност от материалната страна на съществуването, неведение за законите на живота и за присъщата на човека божественост.

От първостепенно значение е да се набляга еднакво както на предпазването от тези три вида болести, така и на лечението им.

Вниманието на повечето хора е насочено само към лекуването на телесни смущения, понеже същите са доста осезаеми и явни. Тези хора не осъзнават, че техните умствени смущения – тревога, себичност и т.н., наред с духовната им слепота за божествения смисъл на живота, са истинските причини за цялото човешко страдание.

Когато човек е унищожил умствените бактерии на нетърпимостта, гнева и страха и е освободил душата си от невежество, той едва ли ще страда от физически болести или намалени умствени способности.

КАК ДА ПРЕДОТВРАТИМ ФИЗИЧЕСКИТЕ БОЛЕСТИ

Начинът да избегнете телесни болежки е да следвате Божиите физични закони.

Не преяждайте. Повечето хора умират в резултат на лакомия и поради незнание и неспазване на правилни хранителни навици.

Съблюдавайте Божиите закони за хигиена. Найважно е да се поддържа чистота на ума, но физическата хигиена също е важна и не трябва да се занемарява. Все пак не си налагайте толкова сурови правила, че и най-лекото отклонение от вашите привички да ви разстройва.

Предотвратете процесите на разпад в тялото си, като се запознаете с методите за съхранение на телесната енергия и за снабдяване на тялото с непресъхващ поток от жизненост чрез упражненията на Self-Realization Fellowship.

Избегнете втвърдяване на артериите чрез правилен хранителен режим.

Не претоварвайте сърцето. Страхът и гневът го изтощават. Осигурете му отмора чрез метода на Self-Realization и помирете ума си със света.

Да приемем, че общото количество кръв, което се изтласква от двете камери на сърцето при едно тяхно съкращение, е около 120 мл. Тогава минутният обем кръв, който се изтласква, ще е около 8 литра. За един ден двете камери ще са изтласкали общо 12 тона, а за година – 4000 тона. Тези числа нагледно показват какво огромното количество работа извършва сърцето.

Много хора смятат, че сърцето си почива през времето, когато и предсърдията, и камерите са в диастола и са отпуснати. Тези периоди на пауза възлизат на около 9 часа за цялото денонощие. Те обаче не представляват истинска почивка, а подготовка за систоличните, съкращаващи движения. Вибрациите, причинени от съкращаването на камерите, продължават да отекват в тъканите на сърцето по време на неговото отпускане и затова сърцето всъщност не си почива.

Енергията, която се изразходва през деня и нощта, по естествен път уморява сърдечните мускули. Ако осигурите на тези мускули възможност да си отпочинат, това ще бъде особено ценно за запазване на вашето здраве. Съзнателният контрол над съня, тоест заспиване и събуждане по собствена воля, е част от йога обучението, чрез която човек може да се научи съзнателно да регулира ритъма на сърцето си. Със способността съзнателно да управлявате движението на сърцето, ще дойде и контролът над смъртта. Почивката и приливът на енергия, които тялото получава от съня, са само бледо отражение на чудното спокойствие и мощ, които се постигат чрез „осъзнат сън", при който дори и сърцето си почива.

В Първото си послание към коринтяни (15:31) свети Павел казва: *„Всеки ден умирам:* това ми е вашата похвала, която имам в Христа Иисуса, нашия Господ". Това „умиране" е свещеният покой, идващ с Христовото съзнание, който отмаря или спира сърцето. Много пасажи от Библията разкриват, че древните пророци са притежавали познание относно великата истина за това как да се даде почивка на сърцето чрез научна медитация или чрез преданост – единствено и само към Бог.

През 1837 г. в Индия един известен факир на име Садху Харидас бил заровен под земята по време на контролиран експеримент по заповед на махараджа Ранджит Сингх от Пенджаб. Йоги останал заровен за 40 дни в тухлена шахта, постоянно пазена от въоръжена охрана. След като времето изтекло, той бил изровен в присъствието на висши сановници от *дурбара* (двора) на махараджата, полковник сър Клод М. Уейд от Лондон, както и неколцина други англичани от района. Садху Харидас възобновил дишането си и се върнал към нормален живот. По време на едно по-раншно изпитание, проведено от раджа Диан Сингх в Джаму, Кашмир, Садху Харидас останал заровен за четири месеца. Той бил овладял изкуството да управлява сърцето и да му дава почивка.

КАК ДА СЕ ПРЕДПАЗИМ ОТ УМСТВЕНИ ЗАБОЛЯВАНИЯ

Развийте спокойствие и вяра в Бог. Освободете ума от всички обезпокояващи мисли и го изпълнете с любов и радост. Осъзнайте, че лекуването чрез ума превъзхожда лечението с физически средства. Прогонете вредните навици, които правят живота ви нетърпим.

КАК ДА ИЗБЕГНЕМ ДУХОВНИТЕ НЕДЪЗИ

За да пречистите тялото си, трябва да се освободите от съзнанието, че тленността и промяната са реални и да спрете да се смятате подвластен на тях. Тялото е трептение, което е придобило форма, и трябва да се възприема като такова. Съзнанието за наличие на страдание, старост и смърт трябва да се премахне чрез научно разбиране на основополагащите и обединяващи закони на материята и Духа, разбиране за илюзорната проява на Духа като материя и за Безграничното като ограничено. Твърдо вярвайте, че сте създадени по подобие на Отеца и затова сте безсмъртни и съвършени.

Науката е доказала, че дори най-дребната частица материя, дори една вълнà от енергия е неунищожима. Душата – духовната същност на човека – също е неунищожима. Материята е подвластна на промяна, а душата преминава през променящи се преживявания. Когато нещо се променя из основи, казваме, че то умира, но смъртта или смяната на формата не изменят, нито унищожават духовната същност.

Преподават се различни методи на концентрация и медитация, но методите на Self-Realization са най-резултатните. Насищайте всекидневието си със спокойствието и самоконтрола, получени при медитация. Успявайте да съхраните постигнатата уравновесеност във време на изпитания. Не се отдавайте на разрушителни емоции; съумявайте да оставате непоколебими при какъвто и да е обрат на събитията.

ОЦЕНКА НА МЕТОДИТЕ ЗА ЛЕЧЕНИЕ

Обикновено се счита, че болестта настъпва поради причини вън от нас, в света наоколо. Малцина разбират, че тя се настанява заради бездействието на жизнената сила вътре в нас. Когато клетката – тъканният носител на жизнената енергия – е сериозно увредена, жизнената енергия се отдръпва от това място и впоследствие започват бедите. Лекарствата, масажите и електрическите импулси само помагат на клетките така да се оживят, че да привлекат отново жизнената енергия, която да се върне и възобнови дейността си по поддръжка и възстановяване.

По никой начин не бива да изпадаме в крайности и трябва да предприемем онези методи за лечение, които съответстват на личните ни убеждения. Лекарствата и храните имат неоспоримо химично въздействие върху кръвта и тъканите. Докато човек все още приема твърда храна, защо му е да отрича, че лекарствата и другите веществени средства също оказват влияние върху тялото? Те са полезни дотогава, докато у човека преобладава материалното съзнание, но възможностите им са ограничени, понеже се прилагат отвън. Най-добрите методи са онези, които помагат на жизнената енергия да възобнови работата си по лечение отвътре.

Лекарствата могат по химичен път да помогнат на кръвта и тъканите. Употребата на електрически устройства също може да бъде благотворно. Но нито хапчетата, нито електричеството могат да премахнат болестта – те могат само да „поощрят" или да „придумат" жизнената енергия да се завърне в пренебрегнатата заболяла част от тялото. Ако ние сме способни директно да прилагаме жизнената сила, тогава не е желателно да намесваме каквито и да е външни посредници – медикаменти, електричество или други помощни средства.

Божиите закони в контекста
на физическото тяло

Мехлемите могат да бъдат полезни при сърбеж, възпаления, рани и т.н. При счупване на ръка или крак не е необходимо да безпокоите жизнената сила с молби да съедини разместените кости, след като може да се обърнете към хирург (той е дете на Бог и следователно е в състояние да служи като Негов инструмент), който може да ги намести, като използва умението си и познанията си за Божиите закони в контекста на физическото тялото. Ако вие сте способни мигновено да излекувате счупените си кости чрез силата на ума – направете го, но ако не можете – тогава ще е неразумно да стоите и просто да чакате, докато придобиете тези възможности.

Чрез пости, масажи, остеопатична медицина, хиропрактично наместване на гръбначния стълб, йога асани и други може да се помогне за премахване или разчистване на задръствания в нервите или в гръбначния стълб, което ще позволи на жизнената енергия отново да протича свободно.

КАК ДА ПРИДОБИЕМ КОНТРОЛ НАД ЖИЗНЕНАТА ЕНЕРГИЯ

От друга страна, лекуването чрез ума превъзхожда всички методи на физическо лечение, защото волята, въображението, вярата и разумът са състояния на съзнанието, които реално и пряко действат отвътре. Те осигуряват движещата сила, която подклажда и направлява жизнената енергия да извърши дадена задача.

Самовнушението и различните утвърждения са полезни за раздвижване на жизнената енергия, но тъй като хората често прилагат подобни чисто умствени методи без да работят съзнателно с жизнената енергия, те не съумяват да установят нужната физиологична връзка и затова невинаги постигат успех. Лечението е сигурно, ако психо-физичните техники се съчетаят със силата на волята, вярата и разума, за да насочат жизнената енергия и да достигнат свръхсъзнателния ум. В това блажено състояние на Действителност човек проумява неразривното единство между материя и Дух и разрешава всички проблеми, причинени от липсата на баланс.

Ученията на Self-Realization предоставят *modus operandi*, с който ще успеете да се възползвате от възможностите на своята воля, за да насочите движението на реално пулсиращата жизнена енергия към всяка част на тялото. Чрез този способ човек усеща по неоспорим начин вътрешния поток на космичната вибрационна сила.

4
Естеството на творението

∽

Материята не съществува по начина, по който сме свикнали да я възприемаме. Но тя все пак съществува като космична илюзия. Необходим е конкретен метод, за да се разсее тази илюзия. Не може да излекувате човек от неговите пристрастявания за един миг. Материалното съзнание владее човека посредством закона на заблудата и той не може да го отхвърли, освен ако не изучи и не приложи противоположния закон – този на истината.

Чрез поредица от преобразувания Духът е станал веществен и затова може да се каже, че всичко веществено води началото си и не би могло да се различава от своя първоизточник – Духа. Вещественото е частично проявление на Духа. Проявление на Безкрайното, което изглежда като крайно, на Безграничното, което изглежда като ограничено. Но тъй като материята е само илюзорна проява на Духа, тя сама по себе си не съществува.

Съзнание и материя

В началото на творението непроявеният дотогава Дух проявява две свои същности – съзнание и материя. Те са Неговите две вибрационни прояви. Съзнанието е по-финото, а материята – по-грубото трептение на единния Дух, който се намира извън пределите на познанието.

Съзнанието – това е вибрацията на Неговата субективна страна – „някой“, а материята – на Неговата обективна страна – „нещо“. Духът като Космично Съзнание е потенциално присъщ на обективната трептяща материя. Той Се проявява субективно като съзнанието, присъстващо във всяка прашинка от творението и достига Своята висша изява в човешкия ум с неговите безбройни криволици от мисли, чувства, воля и въображение.

Разликата между материя и Дух е в честотата на трептението – различие в честотния диапазон, но не и във вида трептене. Повече яснота за това може би ще даде следният пример. Макар че всички вибрации са сходни в качествено отношение, вибрациите с 16 до 20 000 трептения в секунда са достатъчно груби, за да бъдат доловени от човешкия слух, но вибрациите под 16 херца или над 20 килохерца обикновено не могат да бъдат възприети от хората. Затова може да кажем, че между чуваеми и нечуваеми вибрации има само условна, но не и същностна разлика.

Със силата на *мая* - космичната илюзия, Творецът е накарал парчетата материя да изглеждат дотолкова отделени и своеобразни, че човешкият ум по никакъв начин не ги свързва с Духа.

МИСЪЛТА Е НАЙ-ФИНАТА ВИБРАЦИЯ

В грубата вибрация на плътта пулсира фината вибрация на космичния поток – жизнената енергия; а те и двете са пропити от най-фината вибрация – тази на съзнанието.

Трептенията на съзнанието са толкова нежни, че никой физически уред не може да ги долови – само съзнание може да възприеме съзнание. Човешките същества познават неизброимите вибрации на съзнанието, пораждани от други човешки същества и изразени чрез дума, постъпка, поглед, жест, мълчание, поведение и т.н.

Върху всеки човек стои вибрационният печат на състоянието на собственото му съзнание и то издава неговото специфично влияние върху хора и предмети. Така например стаята, в която живее даден човек, е пропита от вибрациите на неговите мисли. Ако в нея влязат хора с необходимата чувствителност, те ясно могат да усетят тези вибрации.

Егото на човека (неговото чувство за аз – разкритвеното смъртно отражение на безсмъртната душа) разпознава съзнанието пряко, но възприема материята (човешкото тяло и всички останали обекти в творението) непряко – чрез умствено осмисляне и сетивни усещания. Тоест егото винаги е наясно, че притежава съзнание, но не е наясно с физическите параметри – дори тези на тялото, в което пребивава, докато не се замисли върху тях. Ето защо, когато човек се съсредоточи дълбоко върху дадена тема, той съзнава само своя ум, но не и тялото си.

ПРЕЖИВЯВАНИЯТА НА ЧОВЕК, КОГАТО СЪНУВА

Всичко, което човек преживява в будно състояние, може да се пресъздаде съвсем точно, когато съзнанието е в състояние на сън. Може би човекът сънува, че ведро крачи сред прекрасна градина, когато изведнъж вижда мъртвото тяло на свой приятел. Той е покрусен от скръб, рони сълзи, главата го боли и чувства как сърцето му бие със болка. Може би изневиделица се изсипва и проливен дъжд, човекът се измокря до кости и започва да трепери от студ. А след това се събужда и се смее на своите илюзорни сънувани премеждия.

Каква е разликата между преживяванията на този човек, когато сънува (и възприема *материята* в образа на красивата градина, неговото тяло, тялото на приятеля му и т.н., а *съзнанието* си усеща чрез чувствата на радост и тъга) и когато е в будно състояние? Нали и в двата случая той е наясно както с обектите от веществения свят, така и със съзнанието си?

Човек е способен да създава както материя, така и съзнание в един илюзорен свят, свят-сън, затова не би трябвало да се затрудни да осъзнае, че Духът е използвал силата на *мая* и е създал за човека съ-нуван свят, свят-„живот". Така светът-„живот" е съзнателно съществуване, което по своята същност е точно толкова неистинско (защото е мимолетно и непрестанно се изменя), колкото са и преживявани-ята на човек, когато сънува.

МАЯ ИЛИ КОСМИЧНАТА ИЛЮЗИЯ

Осезаемият свят се подчинява на закона на *мая* – закона за двойствеността, за противоположните състояния. По тази причина това е нереален свят, който забулва истината за Божественото Единство и Неизменност. В своето смъртно проявление човек сънува в двойки противоположности – живот и смърт, здраве и болест, радост и мъка, но щом се пробуди за осъзнаването на душата, двойствеността се стопява и той се разпознава като самия вечен и блажен Дух.

НУЖДИТЕ НА ОБЪРКАНОТО ЧОВЕЧЕСТВО

За обърканото човечество са важни както медикаментите, така и методите за лечение чрез ума. Безспорно е превъзходството на ума над материалните помощни средства, но също така безспорна, макар и по-скромна, е лечебната сила на храните, билките и лекарствата. Когато се прилагат методи на лечение чрез ума, няма нужда да се отричат всички системи за оздравяване, служещи си с физически средства, защото те са резултат от изучаване на Божиите физични закони.

Докато човек се отъждествява с материалното си тялото, не е нужно изцяло да отхвърля постиженията на медицината. Но щом той разшири разбирането си за нематериалния произход на плътта, вярата му в оздравителната сила на лекарствата се изпарява, защото вижда, че всички болести започват от ума.

„Мъдростта е най-великият лечител"

Моят учител, Свами Шри Юктешварджи, никога не казваше, че хапчетата са безполезни, и все пак така възпитаваше и разширяваше съзнанието на много от своите ученици, че те използваха само силата на ума си, за да се лекуват, когато са зле. Той често повтаряше: „Мъдростта е най-великият лечител".

Някои хора, както на Изток, така и на Запад, пламенно отричат съществуването на материята, докато съзнанието им остава затънало на плътско ниво. Ако прескочат някое хранене, те се чувстват сякаш умират от глад.

Състоянието на себеосъзнаване, при което тяло и ум, смърт и живот, болест и здраве изглеждат *еднакво измамни*, е единствената отправна точка, от която можем наистина да твърдим, че не вярваме в съществуването на материята.

Човешкото и Божественото съзнание

Заради *мая* и произтичащото от нея невежество на човека за неговата душа, човешкото съзнание е отделено от Космичното Съзнание. Човешкият ум е подвластен на промяна и ограничения, докато Космичното Съзнание е безгранично и неподвластно на двойнствени преживявания (смърт и живот, болест и здраве, мимолетна тъга и мимолетна радост и т.н.). В Божествения Разум винаги присъства неизменно възприятие за Благодат.

Подходът за освобождаване на човешкото съзнание се състои в това то да се развие чрез учене, утвърждения, съсредоточаване и медитация, за да се извърне вниманието му от грубите вибрации на тялото с неговите безспирни колебания на мисли и емоци.Така то ще усети по-фините и стабилни трептения на жизнената енергия и на по-високите мисловни състояния.

Разчитайте на вътрешната Божествена Сила

Хората, при които материалното съзнание е силно, тоест онези, които са свикнали да мислят за „себе си" като за едно физическо тяло, следва постепенно да бъдат отвеждани отвъд зависимостта им от медицински и други външни способи за лечение и да бъдат учени да се уповават все повече на Божествената Сила в себе си.

ЧАСТ II

КАК ДА ПРАКТИКУВАМЕ

5

Техника на утвърждаване

~

ПРЕДВАРИТЕЛНИ УКАЗАНИЯ

1. Седнете по някой от следните три начина: с кръстосани крака, в поза лотос или пък нормално на стол, обърнати с лице на север или на изток. За предпочитане е да използвате стол с права облегалка и без подлакътници, който сте застлали с вълнено одеяло (вж. илюстрациите на стр. 46 и 47). Такова покривало ви изолира от земните магнитни токове, които често връзват ума към материалните възприятия.

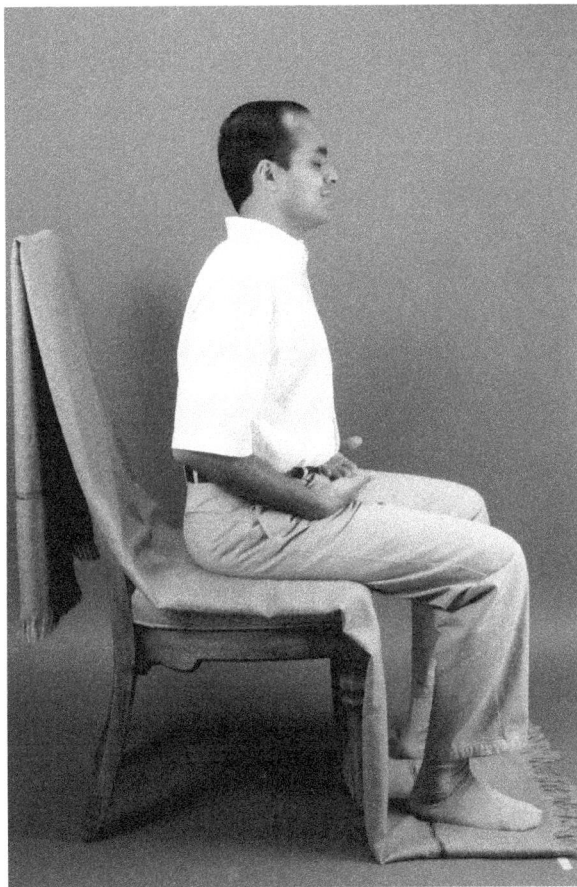

Стойка при медитация: седеж на стол

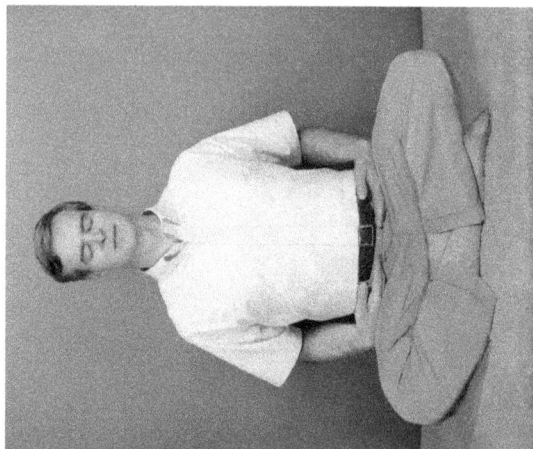

Пози при медитация: лотос (вляво) и обикновен кръстосан седеж (вдясно).

2. Затворете очи и насочете вниманието си към медула облонгата (в тилната част на главата, в основата на черепа), освен ако не е посочено друго място. Дръжте гръбнака изправен, гръдния кош – напред и високо, а корема – прибран. Вдишайте дълбоко и издишайте. Направете това общо три пъти.

3. Успокойте тялото и го дръжте неподвижно. Изчистете ума от всички неспокойни мисли и оттеглете вниманието му от възприятията на тялото – за топлина или студ, шум и т.н.

4. Не мислете за конкретния вид лечение, от което се нуждаете.

5. Отхвърлете всички тревоги, съмнения и безпокойство. Осъзнайте спокойно и с доверие, че Божественият Закон действа и е всемогъщ. Не си позволявайте да се съмнявате и не се притеснявайте. Вярата и концентрацията позволяват на закона да действа безпрепятствено. Заловете се здраво за мисълта, че всички състояния на тялото могат да се променят и излекуват, както и че самата идея за хронична болест е просто илюзия.

Време: Утвържденията трябва да се прилагат веднага след събуждане сутрин или в периода на полусънно състояние, преди да заспите вечер. За групови събирания може да се насрочи всеки удобен час.

Място: Осигурете си възможно най-тихото помещение. В случай че събирането трябва да се състои на шумно място, наложете си да не обръщате внимание на звуците и се отдайте с преданост на вашата практика.

Начин: Винаги преди да започнете с утвържденията, освобождавайте ума си от тревоги и безпокойство. Изберете си утвърждение и започнете да го изказвате – отначало го изречете на висок глас, после го повторете по-тихо и по-бавно – и така, докато гласът ви не се превърне в шепот. След това започнете да утвърждавате само наум, без да движите езика или устните, докато не почувствате, че сте постигнали пълна и устойчива съсредоточеност – не безсъзнателност, а изключително постоянна и непрекъсната мисъл.

Ако продължите да утвърждавате наум и се потопите още повече, ще усетите нарастваща радост и покой. По време на състоянието на дълбоко съсредоточаване, утвърждението ще се слее с потока на подсъзнанието, за да се завърне след това, достатъчно подсилено, за да успее да повлияе на съзнателния ви разум чрез силата на навика.

Докато вие преживявате все по-нарастващ покой, вашето утвърждение се спуска по-надълбоко, в земята на свръхсъзнанието, за да се появи по-късно, заредено с безграничната сила да повлияе на съзнателния ви ум, а също и да изпълни вашите желания. Не се съмнявайте и ще станете свидетели на чудото на тази научна вяра.

По време на групови утвърждения за лекуване на физически и умствени болести във вас или в други хора, групата трябва да внимава да утвърждава с единен ритъм във всичко: еднакъв тон, еднаква умствена сила, еднаква съсредоточеност и еднакво чувство за вяра и мир.

По-слабите умове отслабват обединената сила, родена от утвържденията, и дори могат да отклонят този поток на сила встрани от неговото свръхсъзнателно предназначение. Ето защо човек не бива да мърда тялото си и умът му следва да бъде спокоен. За да се постигне успех, е необходима концентрация у всички членове на групата.

При групови утвърждения ръководителят трябва

да чете утвържденията с определен ритъм. След това групата трябва да повтори думите със същия ритъм и интонация.

Тези утвърждения са вдъхновение, идващо от душата

Семенцата-утвърждения в тази книга са наситени с вдъхновение от душата. Засейте ги в почвата на свръхсъзнателно спокойствие и напоявайте с вашата вяра и концентрация, за да задвижите вътрешни трептения, които да помогнат на семената да покълнат.

Много етапи още са необходими, за да поникне посятото семе на утвърждението и то да даде плод. Всички условия за растежа му трябва да бъдат изпълнени, за да се получи желаният резултат. Ядката на утвърждението трябва да бъде жизнена и освободена от увреждащите въздействия на следните слабости: съмнение, безпокойство, невнимание. Посадете я в ума и сърцето си със съсредоточеност, преданост и мир. Поливайте я с прясна вода от дълбокия кладенец на редовните усилия и с безрезервна вяра.

Винаги се стремете да избягвате механичното повтаряне. Този съвет може да намерите и в библейското предписание „Не изговаряй напразно името на Господа, твоя Бог" (Изход 20:7). Казвайте утвържденията отново и отново - с твърдост, съсредоточеност и искреност. И така, докато придобиете толкова сила, че една ваша заповед, един силен вътрешен импулс станат достатъчни, за да променят клетките на тялото ви и да подтикнат душата ви да твори чудеса.

ПОСЛЕДОВАТЕЛНИТЕ ЕТАПИ НА НАПЯВАНЕТО

Помнете, утвържденията трябва да се изговарят с подходящо произношение, с глас, преминаващ постепенно в шепот, и преди всичко да бъдат изпълнени с внимание и преданост. Когато се убедите, че утвържденията говорят истината и действат, мислите ви се пренасочват от възприемане на звука към това какво възприема съзнателния ви ум, после към подсъзнателния (или автоматичен ум), а след това и към свръхсъзнателния ум. За онези, които вярват, тези утвърждения ще бъдат лечебни.

Петте етапа на напяването на утвържденията са: съзнателно повтаряне на глас, повтаряне шепнешком, повтаряне наум, подсъзнателно напяване и свръхсъзнателно напяване.

Космичният звук Ом (Амин)

След време подсъзнателното напяване става непрекъснато и автоматично. Свръхсъзнателното пеене се получава, когато дълбоките вътрешни вибрации на утвърждението (песента) се превърнат в осъзнаване и се установят в съзнателния, подсъзнателния и свръхсъзнателния ум. Ако вниманието неизменно е съсредоточено върху истинската Космична Вибрация (*Ом* или Амин), а не върху въображаем звук, е постигнато свръхсъзнателно утвърждаване.

Когато преминавате от един етап към друг, настройката на ума също трябва да се променя. Той трябва да се гмурне по-надълбоко и да постигне по-голямо съсредоточаване. Целта е да се обединят в едно пеещият, песента и процесът на пеене. Умът

трябва да навлезе в най-дълбокото съзнателно със-
тояние – не в безсъзнание, нито в отнесеност, в лек
или дълбок сън, а в състояние на такова събрано
вглъбяване, че всички мисли да са се слели в ед-
на-единствена мисъл като стружки, привлечени от
непреодолим магнит.

ТРИ ФИЗИОЛОГИЧНИ ЦЕНТЪРА

По време на утвърждения за воля вашето внима-
ние трябва да бъде съсредоточено в точката между
веждите; при утвърждения за мисъл – в медула об-
лонга̀та[4], а по време на утвърждения за преданост –
в сърцето. В определени моменти човек механично

---

[4] В действителност, медула облонга̀та и точката между веждите са
съответно положителният и отрицателният полюс на един и същи
център на интелигентна жизнена сила. Понякога Парамахансаджи
казваше на последователите да се съсредоточат върху точката
между веждите, а понякога – върху медулата, но те са просто
двете полярности на този един център. Когато погледът на очите е
спокойно съсредоточен върху точката между веждите, потокът на
енергия от двете очи отива първо към това място в челото, а оттам –
към медулата. Тогава единното астрално око от светлина се появява
в челото, отразено от медулата.

насочва ума си към някой от тези жизнени центрове. Например в емоционални ситуации той чувства основно сърдечния център за сметка на всички други части на тялото. С времето, практикуването на утвърждения води до способността човек съзнателно да насочва своето внимание към тези области на волята, мисълта и чувствата.

Пълната и безусловна вяра в Бог е най-великият метод за мигновено излекуване. Да полага непрестанното усилие за събуждане на тази вяра е най-възвишеното и най-възнаграждаващото човешко задължение.

6
Научно-лечебни утвърждения

При използване на утвържденията от тази книга отделният последовател или ръководителят на групата може да прочита дадено утвърждение изцяло и наведнъж или да спира и да повтаря която част от него избере.

УТВЪРЖДЕНИЯ ЗА ЛЕКУВАНЕ ОТ ОБЩ ХАРАКТЕР

Върху всеки олтар на чувство,
на мисъл, на воля,
Ти стоиш, Ти стоиш.
Ти си всяко чувство и мисъл, и воля.
И Ти ги водиш;
нека Те следват, нека Те следват,
нека бъдат какъвто си Ти.
В храма на съзнанието
беше светлина - Твоята светлина.
Сляп за нея бях, но съзирам я сега.
Светло е в храма, храмът е цял.

Аз сън сънувах, че храмът се руши
от страхове, невежество и грижи.
Аз сън сънувах, че храмът се руши
от страхове, невежество и грижи.
Ти ме пробуди,
Ти ме пробуди.
Твоят храм е цял,
Твоят храм е цял.

Аз искам да почитам Теб,
аз искам да Те обожавам.
На Тебе, който си в сърцето,
във клетките и във звездите,
аз своята любов отдавам;
а в електрона аз ръка
към Тебе за игра подавам.
Желая да Те обожавам
във тялото и във звездите,
в звездния прах, в мъглявините.
Ти си навред, навред
и аз Те обожавам.

Неземната Ти, Боже, воля,
като човешка моя воля

сияе и блести във мен,
огрява и искри във мен.
Ще пожелая и ще имам воля,
ще действам аз и ще се боря,
но не от его воден, а от Теб.
Единствено, единствено от Теб.
Ще проявя старание и воля,
но укрепи я, аз Те моля
със собствената Твоя воля,
о, нека бъде с Твойта воля.

О, Татко, превърни ни във деца,
каквито в царството Ти тичат.
Любовта Ти в нас е съвършена.
Тъй както Ти си цял, тъй цели сме и ние.
Във ум и тяло здрави,
Тъй както Ти си, Тъй както Ти си.
Ти, който съвършен си,
на Тебе сме деца.

Навсякъде е Твоят храм,
а съвършенството със Теб е там.
Олтар е всяка клетка, а Ти като свещеник,
на трон във всеки атом си седнал неизменно.

Безукорно, отлично е земното ми тяло,
защото Ти си в него, то здраво е изцяло.
Ти направѝ така, че в мен да Те усетя –
как всяка клетка малка от Тебе е превзета;
о, нека Те почувствам във клетките добрички –
във всяка и във всички, във всяка и във всички.

О, Живот на моя живот, Ти си цял.
Ти си навсякъде –
във моето сърце и в мозъка,
във моите очи, лице, снага,
във всичко от петите до тила.

Нозете мои движиш Ти –
здрави са те и са цели.
Моите бедра, прасци –
здрави са те и са цели.
Краката с Твоя сила ги крепя,
за да не падна, да стоя.
Здрави са, че Ти си в тях.
Цели са, че Ти си в тях.

Ти си във мойто гърло,
а лигавицата, коремът,

сияят с Твоето присъствие.
Ти си в тях и затова са здрави.
В гръбначния ми стълб искриш,
той е цял, той е здрав.
Ти по невроните пътуваш,
те са цели, те са здрави.
В моите вени и артерии –
Ти там плуваш, Ти там плуваш.
Те са цели, те са здрави.
Ти си огън във стомаха,
Ти си огън във червата.
Те са цели, те са здрави.

Тъй както Ти си мой,
така и аз съм Твой.
Съвършен си Ти,
но Ти си аз, а аз съм Ти.
Моят мозък пак си Ти –
той е цял и той блести,
той е здрав, той е здрав, той е здрав.

На воля ще си пожелая,
На воля ще си пожелая.
Болен съм, щом тъй си мисля,

и съм здрав, ако така помисля,
всеки час на всеки ден,
в тяло, ум, и всичко в мен,
аз съм здрав и съм добре,
аз съм здрав и съм добре.

Сънувах, че се разболях.
Събудих се, разбрах със смях,
че очите – мокри от сълзи –
са радостни, а не скръбни,
затуй, че болестта е сън,
а аз съм здрав, че здрав аз съм.

Дай ми да усетя
трепета на Твоята любов,
трепета на Твоята любов.
Ти си мой Отец,
аз съм Ти дете.
Добро или немирно,
аз Твое съм дете.
Дай ми да усетя как със здраве Ти трептиш,
нека да усетя що със мъдрост Ти велиш,
що със мъдрост Ти велиш.

КРАТКИ УТВЪРЖДЕНИЯ

Съвършени Татко, Твоята светлина струи от Христос, от светците от всички религии, от учителите на Индия и от мен. Тази божествена светлина я има във всички части на моето тяло. Аз съм здрав.

О, Съзнателна Космична Енергия, Твоят живот е и мой. Твърдите, течните и газообразните храни се превръщат и одухотворяват в енергия от Тебе, за да поддържат тялото ми.

Твоята животворяща Енергия ме обновява и ми дава сила.

Лекуващата мощ на Духа изпълва всички клетки на моето тяло. Аз съм направен от единствената всемирна материя – Бог.

Татко, Ти си в мен; аз съм здрав.

Твоята сила се движи през мен. Моят стомах е здрав, защото Твоята целебна светлина е в него.

Аз разбирам, че болестта ми е резултат от това, че наруших законите на здравето. Аз ще поправя грешката чрез правилно хранене, упражнения и правилно мислене.

Небесни Татко, Ти присъстваш във всеки атом, всяка клетка, всяко кръвно телце, всяко късче нерв, мозък и тъкан. Аз съм здрав, защото Ти си във всяка част на моето тяло.

Съвършеното здраве от Бог прониква в тъмните кътчета на моята телесна болест.

Във всички мои клетки блести Неговата лековита светлина. Те са напълно здрави, защото Неговото съвършенство е в тях.

УТВЪРЖДЕНИЯ ЧРЕЗ СИЛАТА НА МИСЪЛТА

Съсредоточете мисълта си в челото и повтаряйте следното:

Мислейки, животът ми потича,
знаейки, животът ми потича,
от мозъка към цялото ми тяло той потича.
Проблясъци от светлина изскачат,
през тъканите се прескачат.
Под напора на буйна струя бучи в гръбнака мой
и пени се, и пръски хвърля животът сам, единствен той.

И всички малки клетки пият
с устички тази светлина;
и всички малки клетки пият,
сияят техните уста.

КРАТКИ УТВЪРЖДЕНИЯ

Небесни Татко, Ти си мой навеки. Аз се прекланям пред Твоето присъствие във всичко, що е добро. През прозорците на всички чисти мисли аз съзирам Твоята доброта.

О, Татко, в мен е Твоята безгранична сила, що лекува всичко. Прояви Своята светлина през мрака на моето невежество. Където е тази лечебна светлина, там е съвършенството. Затова съвършенството е в мен.

Божествени Татко, Ти си всичките чувства, воля и мисли. Води моите чувства, воля и мисли; нека да Те следват, нека да бъдат какъвто си Ти.

Моите мечти за съвършенство са мостовете, които ме отвеждат към царството на чистите идеи.

Всеки ден ще търся щастие - все повече вътре в

своя ум и все по-малко в материални удоволствия.

Бог е пастирът на моите разпръснати, неспокойни мисли. Той ще ги отведе към Своята кошара на покоя.

Аз ще пречистя ума си с мисълта, че Бог насочва всяко мое действие.

Точните напътствия на разума

Следвайте изброените по-долу предложения, за да разгърнете способността си да мислите и разсъждавате правилно.

1. Четете добри книги и внимателно осмисляйте тяхното послание.

2. Ако четете един час, два часа разписвайте идеите на прочетеното и още три часа размишлявайте по тях. Това е съотношението, което трябва да се спазва, за да се развие силата за разсъждаване.

3. Запълнете ума си с вдъхновяващи замисли. Не си губете времето с отрицателни размисли.

4. Заемете се със спазването на най-добрия план

за вашия живот, който можете да съставите с помощта на разума.

5. Засилете способността си да разсъждавате разумно, като изучавате законите на ума, обяснени в ученията на SRF.

6. Използвайте утвържденията в тази книга и ги изговаряйте със сила от душата, за да развиете мощта на своя ум. Древни и съвременни психолози подчертават, че вродената човешка интелигентност е способна да се разгръща до безкрай.

7. Спазвайте материалните, социалните и нравствените закони. Вярвайте, че те са подвластни на висш духовен закон, и след време ще успеете да се издигнете над всички тези второстепенни закони и ще бъдете ръководени изцяло от духовния закон.

УТВЪРЖДЕНИЯ ЗА ВОЛЯ

Съсредоточете вниманието си едновременно върху медула облонгàта и точката между веждите и повтаряйте следното – първо ясно и на глас, а постепенно – все по нежно, докато накрая шептите:

По моя воля, Прана, зареди,
по Божията воля зареди,
през нервите ми, мускулите всички,
ти тъканите, ставите ми, всичко,
със трепет и със жарещ плам,
със ведра, палеща ме бран.
В жлезите и в кръвта сега,
на теб нарежда повелителя –
през тях се устреми.
Аз повелявам:
всичко освети.
Аз повелявам:
всичко освети.

УТВЪРЖДЕНИЯ ЗА МЪДРОСТ

Съсредоточете се в мястото под най-високата част на черепа и се постарайте да усетите присъствието на мозъка.

В покоите на мъдростта
Ти бродиш.
Ти разумът си в мен.

О, Ти скиташ и събуждаш
всяка вяла клетчица в ума,
за да вземе от благата –
добро – от разума и сетивата,
а от Тебе – вещината.
Сам ще мисля, разсъждавам,
Теб не ще те занимавам,
но водѝ, щом разумът сгреши;
до целта води го Ти.

☙

О, Небесни Татко, о, Космична Майко,
о, Учителю любим, о, Приятел мой неизразим,
аз сам дойдох и тръгвам си самин –
със Тебе само, с Тебе само.
със Тебе само, с Тебе само.
О, Ти си, който изгради за мен
от живи клетки дом свещен.
Във Твоя дом Ти дом ми даде –
със Твой живот дома създаде;
със Твоя сила го гради.
Домът Ти – съвършен и съвършен си Ти.

Аз Твое съм дете, а Ти си мой Баща;

С Теб живеем, с Теб живеем
в един и същи храм живеем,
в този храм – от клетки изграден,
светилище – от клетки построено,
тук вечно си до мен, където
е Твоят скрит олтар – сърцето.

Но тръгнах аз на път пеша;
да си играя с мрак и да греша;
дете немирно тъй реши –
закрачих и нощта ме скри.
Прибрах се късно вечерта,
окалян с *мая* и обвит в мъгла.
Ти толкова си близо, а не виждам.
Домът Ти съвършен е, а не виждам.
Незрящ за Твойта светлина,
приемам своята вина.
О, тук е моята вина.
А Ти си утринна зора,
която, в края на нощта,
небето къпе в светлина.

На място мрак и светлина
не можеш заедно събра̀.

Така и мъдрост до незнание
не може редом да застане.
Ти подмамѝ и изгонѝ далече –
тъмнината надалече,
мрака в мене надалече.
От светлина Ти тяло ми облече.
А клетките, що Ти от плът изплете ми,
са съвършени – тъй както съвършен си Ти;
Ти си Здраве – и ето че са здрави те;
Ти си Дух – и затова и Дух са те;
Ти Живот си – и затуй са вечни те.

Кратки утвърждения

Небесни Татко, Твоят всемирен живот и аз сме едно. Ти си океанът, а аз съм вълната – ние сме едно.

Заявявам своето рождено право – по усет осъзнах, че цялата мъдрост и сила вече съществуват в моята душа.

Бог се намира точно отвъд това, което мога да възприема чрез разума – днес и през всеки друг ден, Той ме насочва винаги да върша това, което е правилно.

Бог е вътрешният Аз на човека и сам Той е Животът на цялата вселена.

Аз съм потопен във вечна светлина. Тя просветва през всяка частица от мен. Живея в тази светлина. Божественият Дух изпълва както мен, така и всемира.

Бог е в мен и около мен, Той ме защитава; затова ще прогоня страха, който ме отделя от Неговата пътеводна светлина.

Съвършена стабилност и спокойствие имам днес, щом насоча всичките си сили и възможности, за да изразя божествената воля.

ПОДСЪЗНАТЕЛНИ,
СЪЗНАТЕЛНИ И СВРЪХСЪЗНАТЕЛНИ
ЗАКОНИ ЗА МАТЕРИАЛЕН УСПЕХ

Успехът идва когато се спазват божествените закони и правилата на материята. Трябва да постигнем както материален, така и духовен успех. Материален успех имаме, ако разполагаме с основните потребности за живот.

Към стремежа да печелите пари трябва да добавите и желание да помагате на другите. Натрупайте колкото успеете повече състояние в резултат от това, че подобрявате по някакъв начин своята общност, страна или света, но не преследвайте богатство на техен гръб.

Има подсъзнателни, съзнателни и свръхсъзнателни закони за постигане на материален успех и за преодоляване на опасенията, че може да се провалим, които може би съществуват в ума.

Правилото на подсъзнанието за успех е да повтаряме утвържденията с наситено внимание точно преди сън и незабавно след като се събудим. Не се съмнявайте – когато искате да постигнете нещо стойностно, може да захвърлите всяка мисъл за провал. Повярвайте, че имате достъп до всички неща, които принадлежат на Бог, понеже сте Негови деца.

Невежеството и недоверието към този закон е лишило човека от нетленното му наследство. За да почерпим от божественото изобилие, трябва да унищожим подсъзнателните семена на погрешните мисли, като прилежно повтаряме утвърждения, наситени с безгранична увереност.

Принципът за успеха на съзнателно ниво е да планираме и действаме обмислено, като винаги се стремим да усетим как Бог ни помага при изготвянето на планове и в неуморната ни, упорита работа.

Свръхсъзнателното начало на успеха се активира от молитвите на хората и от тяхното разбиране, че Господ е всемогъщ. Не прекъсвайте съзнателните си усилия, нито разчитайте единствено на собствените си способности, а молете за божествена подкрепа във всичко, което правите.

Когато обедините подсъзнателните, съзнателните и свръхсъзнателните методи, успехът ви е гарантиран. Станете и опитайте отново, без значение колко пъти сте падали.

Утвърждения за материален успех

Ти си ми Баща:
успех и радост.
Аз съм Ти дете:
успех и радост.

Всичките съкровища в света,
всички богатства в космоса
са Твои те, са Твои те.
А аз съм Ти дете;
затова благàта на света,
богатствата на космоса
са мои те, са мои те,
о, те са мои всички.

Живеех с мисъл, че съм беден,
погрешно смятах се бедняк,
и затова бедняк си бях.
Сега съм у дома. Съзнанието Ти
направи ме заможен, направи ме богат.
Сполука имам и имàне –
Ти си моето имàне,
със Тебе аз богат съм.

Ти си всичко, Ти си всичко.
Ти си мой.
Аз имам всичко, имам всичко;
аз съм богат, така богат.
Заможен съм над всяка мяра,

под слънцето аз всичко притежавам,
тъй както Ти, тъй както Ти.
Мое е всичко, всичко е мое.
Ти си моето Богатство,
аз имам всичко.

КРАТКИ УТВЪРЖДЕНИЯ

Знам, че могъществото на Бог не знае предели, и понеже съм създаден по Негов образ, аз също имам силата да преодолея всяко препятствие.

Моя е силата на Духа да твори. Безпределният Разум ще ме води и ще реши всеки проблем.

Бог е моят непресъхващ Извор на Изобилието. Аз съм винаги богат, защото имам ключ от Космичния Трезор.

Ще крача бодро напред със съвършена увереност в способността на Вездесъщата Благодат да ми донесе каквото ми е нужно и когато ми е нужно.

Лъчите на божествената благодат пронизват мрачните облаци на ограниченията в моя живот. Аз съм дете на Бог. Каквото има Той, това имам и аз.

Как да излекуваме неведението за душата

Постигате духовен успех когато съзнателното се настроите към Космичния Разум и когато оставате спокойни и уравновесени, без значение през какви необратими събития в живота си преминавате – например смърт на роднина или друга загуба. Когато сте разделени от скъпи за вас хора поради естествените закони на Природата, не бива да скърбите. Вместо това смирено благодарете на Бог, че за известно време ви е дал изключителната възможност да бъдете нечий приятел, да се грижите и да носите отговорност за някое от Неговите деца.

Духовният успех идва с разбирането на тайната на живота и като гледаме на всичко с ведрост и сърцатост, като осъзнаваме, че нещата се случват според предписаното в красив божествен план.

За болестта на невежеството едничкото лекарство е знанието.

УТВЪРЖДЕНИЯ ЗА ДУХОВЕН УСПЕХ

Ти си Мъдрост
и Ти знаеш
какво поражда и как свършва всичко.
Аз Твое съм дете;
и искам да узная
каква е истината за живота,
и кой е светлият му дълг.

Мъдростта Ти в мен ще заблести
и което знаеш Ти, ще се яви,
ще се яви.

КРАТКИ УТВЪРЖДЕНИЯ

Небесни Татко, гласът ми бе създаден, за да Те възхвалявам с песни. Сърцето ми бе създадено, за да откликва сàмо на Твоя зов. Душата ми бе създадена, за да служи като русло, по което Твоята любов да може да потече свободно към всички жадни души.

Силата на Твоята любов ра̀зпва всички мои

мисли за съмнение и страх, за да възкръсна като победител над смъртта и да се възнеса към Теб на криле от светлина.

Успокоявам се и пропъждам всички тревоги от ума си, за да позволя на Бог да изрази чрез мен Своята съвършена любов, мир и мъдрост.

Моят Божествен Баща е любов, а аз съм създаден по Негов образ и подобие. Аз съм кълбото от любов, в което сгушени трептят всички планети и създания, цялото творение. Аз съм любовта, която насища цялата вселена.

Като излъчвам любов и добра воля към другите, аз ще отворя пътя, по който Божията любов да дойде при мен. Божествената любов е магнитът, който притегля към мен всичко добро.

Всяко свое задължение мога да изпълня само след като съм взел назаем от Бог силата да действам, затова първото ми желание е да Го зарадвам. На първо място в сърцето ми, първият стремеж на душата ми, първата цел на волята и разума ми е само Бог.

УТВЪРЖДЕНИЯ ЗА ПСИХИКА И ХАРАКТЕР

Аз съм смел, аз съм силен.
Уханни мисли нося,
мисли за победа.
Аз спокоен съм и тих,
аз приветлив съм и мил,
аз съм обич и съчувствие,
аз чаровен съм, привличащ,
аз на всички хора радвам се;
аз трия всички сълзи, страхове.
Аз вече нямам врагове.
Аз на всеки съм побратим.
Аз на навици не служа
в своите мисли, действия, храна –
аз свободен съм, свободен от това.

О, събери се Ти, Внимание,
и насочи се със старание
към моите задачи и дела,
аз мога всичките да победя
щом така помисля и възнамеря.

Аз молех се под храмовата стряха,
но мислите размирни срещу мен стояха,
умът ми, тъй оплетен, не стигаше до Теб,
задържаха го здраво, не стигаше до Теб.
Научѝ ме Ти отново да владея
своя ум – поробен от материя,
че мисълта към Теб да полети,
с крилете на молитви и мечти.

Аз Тебе ще почитам –
в медитация и единение.
Аз силата Ти ще почувствам –
протича през ръцете при движение.
За да не Те изгубя в леност,
Аз ще Те намеря в дейност.

КОМБИНИРАНИ МЕТОДИ

Макар че начините за лечение чрез използване
на ума несъмнено превъзхождат спо̀собите, рабо-
тещи с материята, в настоящата книга са включени
и няколко физически упражнения за тези от вас,
които желаят да комбинират двата метода.

ПОДОБРЯВАНЕ НА ЗРЕНИЕТО

────────────

Затворете очи и насочете вниманието си към медула облонгàта. Почувствайте как енергията, която позволява на очите да виждат, протича към ретината през зрителния нерв. Задръжте вниманието върху ретината за около минута, след това отворете и затворете очи няколко пъти. Обърнете очните ябълки нагоре, после ги насочете право надолу, извийте поглед докрай наляво и после до крайно дясно положение. След това движèте очите от ляво надясно и от дясно наляво. После съсредоточете погледа в точката между веждите, като си представяте как потокът от жизнена енергия идва от медула облонгàта, влива се в очите и ги превръща в два ярки прожектора. Упражнението се отразява добре както на тялото, така и на ума.

УТВЪРЖДЕНИЯ ЗА ОЧИТЕ

────────────

Аз моля ви,
лъчи от синева,
по зрителния нерв минете

и вярно, вярно покажете –
че светлината Му е там,
че светлината Му е там.
Че през моите очи
Той наднича,
Той наднича;
те са цели, съвършени.
Двете и едно[5] над тях;
общо три, общо три.
През вас, невидима, такава светлина минава,
през вас, невидима, такава светлина минава!

Очи като цветче на лотос,
недейте повече рида.
Бури веч' не ще раняват ваш'те венчелистчета.
Елате бързо и като лебед леко се плъзнете
на щастието в ясната вода,
в езерото нежно на мира,
когато там изгрява мъдростта.
Аз виждам Твойта светлина,
ето я, блести през мен,
през вчера, днес и вечността.

---

5 Това е „чистото" духовно око на челото, между веждите. Вж. бележката към стр. 54

Повеля давам,
мои две очи,
о, слейте се в единното и чисто,
о, слейте се в единното и чисто.
Ще видите, ще знаете вий всичко;
ще сторите снагата да блести,
ще сторите умът ми да сияе,
ще сторите душата ми да свети.

Упражнение за стомаха

Седнете в предната част на стола, наведете се напред и се хванете за седалката на стола за опора. Издишайте изцяло и задръжте без въздух. Изтеглете корема максимално навътре, в посока към гръбнака. После вдишайте, като същевременно избутвате корема колкото можете по-напред и навън. Повторете 12 пъти. Много йоги твърдят, че това упражнение подобрява действието на хранопровода (подпомага перисталтиката на червата и отделянето на храносмилателни ензими от жлезите) и по този начин помага за премахване на стомашни болки.

Упражнение за зъбите

Със затворени очи стиснете зъбите на горната и долната челюст откъм лявата ѝ страна. Отпуснете ги. После стиснете зъбите от дясната страна. Отпуснете ги. Сега стиснете предните зъби. Отпуснете. Накрая стиснете едновременно всички зъби от горната и долната челюст.

Останете във всяка от изброените позиции от една до две минути, съсредоточени в усещането, че сте „стиснали зъби“. Представяйте си как жизнената енергия обновява корените на зъбите и премахва всички нежелани състояния.

Вътрешният рай

Тялото е градина, в която растат прелестните дървета на сетивата – зрение, слух, вкус, обоняние и допир. Бог, или Божественото в човека, го предупреждава да не прекалява с плодовете на сетивата, като особено внимателен трябва да бъде с ябълките на сексуалната сила, чието дърво расте в средата на градината на тялото.

Змията на лукавото любопитство и Ева – или чувственото женско начало, се проявяват във всички човешки същества, като ги подтикват към неподчинение на Божията заповед. Така те губят радостта от самоконтрола и биват изгонени от Рая на първичната чистотата и небесната благодат. Сексуалните преживявания довеждат до „смокиновото листо" на греха, тоест до възприемане на усещането за срам.

По време на физическия акт на съединяването, вниманието на женените двойки, които желаят да имат деца, трябва да се ограничава до съзидателната цел на това начинание. Множество страдания ще бъдат избегнати, ако човечеството се реши да не преследва сексуалното общуване като самоцел.

НАЧИНИ ЗА КОНТРОЛ
НА СЕКСУАЛНИТЕ ЖЕЛАНИЯ

Преди да се оттеглите за сън вечер, обтрийте с мокра и студена кърпа всички отвори на тялото, включително дланите, стъпалата, подмишниците, пъпа и кожата на тила, където е медула облонгàта.

Правете това редовно.

Когато тялото ви се възбуди, поемайте дълбоко въздух от 6 до 15 пъти и го издишвайте дълбоко. След това бързо потърсете компанията на хора, които уважавате и които умеят да се контролират.

УТВЪРЖДЕНИЯ ЗА ЧИСТОТА

Снабдени с тичинки и плодник
Ти създаде цветята чисти.
Чрез родителите ми чисти
Ти извика тялото ми тук.
Тъй както Ти си Създател
на всички хубави неща,
такива сме и ние.
Научѝ ни да създаваме,
в светлина и святост,
идеи възвишени, деца благородни.
И както Ти не си ни мъжки, нито женски.
Така и ние в същността си сме без пол.
Ти и нас така създал си чисти.

Научи ни да създаваме в святост
идеи възвишени, деца благородни,
изковани по Твое подобие.

За да победя изкушенията, ще изгоня злото от
своите мисли. Ще оттегля ума си от чувствените
области по външната част на тялото, които дават
начало на жадуване в ума, и ще потърся вътрешната
благодат на Божието присъствие.

Как да лекуваме лошите навици

Добрите навици са най-добрите ви помощници.
Съхранете силата им, като се стремите постоянно
да постъпвате добре.

Лошите навици са най-големите ви врагове –
против вашата воля ви заставят да действате в своя
вреда. Те ви уязвяват физически, разстройват со-
циалния ви живот, влияят на преценката ви за пра-
вилно и погрешно поведение, засягат вътрешния
ви мисловен живот и пречат на духовния ви живот.
Уморете от глад лошите си навици, като откажете
да ги захранвате с погрешни постъпки.

Истинската свобода се състои в това да изпълняваме всичките си дейности съобразно правилната си преценка и свободната си воля. Например, хранете се с това, което е необходимо да приемате, а не непременно с онова, към което сте привикнали.

И на добрите, и на лошите навици им трябва време, за да придобият истинска сила. Неправилните ви привички, с които отдавна сте свикнали, могат да бъдат заменени от търпеливо изградени правилни навици.

Измествайте старите лоши практики от всички сфери на живота си като настанявате на местата им добри навици. Укрепете разбирането си за това, че, понеже сте деца на Бог, сте свободни от атаките на всяка вътрешна натрапчива прищявка.

УТВЪРЖДЕНИЯ ЗА СВОБОДА

Ти си в закона;
Ти си над всички закони,
Ти си над всички закони.
Тъй както Ти си,

над всички закони съм и аз.

Добри и храбри навици-войници,
Онези тъмни, тъмни навици хванете;
о, навиците мрачни прокудете.
Постигнах свойта свобода, постигнах свойта
свобода.
Аз нямам навици сега, аз нямам навици сега.
Ще върша правилни дела, ще върша правилни
дела –
изгуби навикът над мене власт.
Постигнах свойта свобода, постигнах свойта
свобода;
аз нямам навици сега, аз нямам навици сега.

КРАТКИ УТВЪРЖДЕНИЯ

Небесни Татко, засили решимостта ми да се
отърва от лошите навици, които привличат злов-
редни вибрации, и да положа основите на правилни
навици, които притеглят добри вибрации.

Вечният живот на Бог протича през мен. Аз
съм нетленен. Отвъд вълната, която е моят ум, се
разстила океанът на Космичното Съзнание.

Небесни Татко, където Ти си ме поставил, там Ти трябва да дойдеш.

Никой от кадрите в лентата на живота не съдържа само един актьор и не се отнася само за едно събитие. Ролята ми на тази сцена е важна, защото без мен космическото представление ще бъде незавършено.

МОЛИТВИ КЪМ НЕБЕСНИЯ БАЩА

Молитвите следва да се използват, не за да се просят краткотрайни блага, а за да се помогне на човека да си върне божественото съкровище, което в своето невежество той е сметнал за изгубено. Изброените по-долу молитви ще насочат мисълта ви към Бог, който е Изворът на всичко добро и Силата във всички утвърждения.

Твоят незаличим образ на съвършенството е в мен. Затова ме научи как да почистя повърхностните петна, които невежеството остави, за да видя, че Ти и аз сме Едно.

О, Дух, научи ме да лекувам тялото, като го презареждам с Твоята космична енергия. Научи ме да лекувам ума, като бъда съсредоточен и жизнерадостен. Научи ме да лекувам душата чрез интуицията, родена в медитация. Нека Твоето царство, което е вътре в мен, да се прояви и извън мен.

Небесни Татко, научи ме как да Те помня и в бедност, и в благополучие. В болест и в здраве. В невежество и в мъдрост. Нека отворя очи, затворени от неверие, и да видя Твоята светлина, която изцелява мигновено.

Божествени Пастире, спаси агънцата на моите мисли, залутани в дивите земи на безпокойството, и ги отведи в Твоята свята кошара на покоя.

Възлюбени Боже, помогни ми да разбера, че Твоят плащ – невидим и всезакрилящ, неизменно ме обгръща в радост и в болка, в живот и в смърт.

За автора

Парамаханса Йогананда (1893–1952) е считан за една от най-бележитите духовни фигури на нашето време. Роден и израснал в Северна Индия, през 1920 г. той пристига в Съединените щати, където през следващите над тридесет години преподава древната индийска наука за медитация и изкуството за водене на духовен живот в равновесие. Чрез своята поглъщаща житейска история *Автобиография на един йоги* и многобройните си други книги той запознава милиони читатели с вечните истини, залегнали в духовните традиции на Изтока и Запада.

През 1920 г. Парамаханса Йогананда основава Self-Realization Fellowship (позната в Индия под името Yogoda Satsanga Society of India), за да направи достъпни ученията, които донася на Запад. Сред целите и идеалите, които решава да определи за своята общност, са: да разпространява научните техники за постигане на лично изживяване на Бог, да показва общите принципи на истината, стояща в основата на всички истински религии, и по този начин да насърчи израстването на велик дух на съгласие сред многообразието от хора и народи по света.

С помощта на своите практически учения за това „как да живеем", Парамаханса Йогананда се стреми да предостави на всички хора, без значение с какво се занимават и каква е етническата им принадлежност, средствата сами да приведат в равновесие разцентрованите си тяло, ум и дух, както и да осъзнаят и дадат по-пълен израз на красотата, благородството и истинската божественост на човешкия дух в собствения си живот. Днес делото му живее по целия свят под ръководството на брат Чидананда, президент на Self-Realization Fellowship.

Парамаханса Йогананда –
йоги в живота и в смъртта

Парамаханса Йогананда навлезе в *махасамадхи* (окончателно съзнателно излизане от тялото при йогите) в Лос Анджелис, Калифорния, на 7 март 1952 г., секунди след края на речта си по време на приема, даден в чест на Негово Превъзходителство Бинай Р. Сен, посланик на Индия.

Великият световен учител показа ценността на йога (научни техники за осъзнаване на Бог) не само в живота, а и в смъртта. Седмици след като напусна тялото си, неизменният му лик светеше с божествения блясък на нетленността.

Господин Хари Т. Роу, директор на лосанджелиския гробищен парк „Форест Лоун" (където тялото на великия учител бе временно положено), изпрати до SRF нотариално заверено писмо, от което поместваме следните извадки:

„Липсата на каквито е да било видими признаци на следсмъртно разлагане по тялото на Парамаханса Йогананда е най-необикновеният случай, на който сме били свидетели в нашата практика. (...) Дори 20 дни след смъртта му, в тялото не се наблюдаваха никакви физически изменения. (...) Не забелязахме никакви клинични белези на поява на гнилостни плесени или каквито и да било сбръчквания поради изсъхване на телесните тъкани. Такова състояние на съвършено запазване, доколкото ни е известно от погребалните регистри, е прецедент. (...) Когато приемахме тялото на Йогананда, очаквахме да видим обичайните белези на напредващ разпад през стъкленото прозорче на ковчега, но останахме силно изненадани. Нашето изумление нарастваше с всеки изминал ден, защото при огледите на трупа не забелязвахме абсолютно никаква промяна. Тялото на Йогананда очевидно се намираше в удивително състояние на неизменност...

От него никога не доловихме миризма на разложено. (...) Външният вид на Йогананда на 27 март – малко преди да затворят ковчега му с бронзов капак, бе същият като вечерта на 7 март, когато ни го докараха. На 27 март той изглеждаше точно толкова свеж и недокоснат от разпад, колкото и в нощта на своята смърт. Нямахме никакво основание да твърдим, че тялото му е претърпяло дори най-малкото физическо изменение. Поради тези обстоятелства ние отново заявяваме, че в нашия опит не познаваме случай като този с Парамаханса Йогананда.

Молитви за Божествено Лекуване

„Небесни Татко, дай ми благоденствие, здраве и мъдрост безмерни, но не от източници земни, а от Твоите ръце, които всичко притежават, всичко могат и всичко дават.“

Бог живее във всеки атом на творението. Ако би оттеглил живот-даряващото Си Присъствие, световете биха изчезнали в етера без следа.

Човекът е изцяло зависим от своя Създател. Точно както здравето, щастието и успехът, които човек привлича в живота си, са резултат от това, че съблюдава определените от Бог закони, така и помощта и лечението, от които човек се нуждае, той може да получи направо от Бог чрез молитва.

Монасите и монахините от Ордена на Self-Realization Fellowship всекидневно се молят за излекуване на физически болести, психически състояния и духовно невежество у хората, които заявят такова желание. С Божията благословия хиляди са получили духовна подкрепа.

Може да поискате да се помолим за вас или ваши близки през нашия уебсайт или като ни пишете или се обадите по телефона в нашата Международна централа (вижте на следващата страница).

Допълнителна информация за ученията Крия Йога на Парамаханса Йогананда

Self-Realization Fellowship се е посветила на това да помага на хората от цял свят в тяхното духовно търсене. Всяка година нашите монаси изнасят поредица от открити лекции по света. Повече за програмата на тази обиколка, за семинари, медитации и вдъхновяващи служби в нашите храмове и центрове в различните страни, приемното време на комплексите за уединение, както и за други наши мероприятия, ще намерите на нашия уебсайт или на адреса на Международната централа:

www.yogananda.org

Уроците
на Self-Realization Fellowship

Преки указания и обяснения от Парамаханса Йогананда за техниките на йога медитация и основите на духовния живот

Ако духовните истини, разкрити в книгата *Научно-лечебни утвърждения*, са ви привлекли, ви каним да се запишете да получавате *Уроците на Self-Realization Fellowship*.

Парамаханса Йогананда полага началото на тези поредици за домашно изучаване, за да даде възможност на сериозните последователи да учат и упражняват техниките от древната система за йога медитация, които той донася на Запад, включително науката *Крия Йога*. *Уроците* съдържат също и негови практически съвети за постигане в еднаква степен на телесно, умствено и духовно благополучие.

Уроците на Self-Realization Fellowship се предлагат на цена, покриваща само разходите за печат и пощенските разноски. Всички ученици безплатно получават от монасите и монахините на SRF съвети за своята практика.

Ако искате да научите още за *Уроците на Self-Realization Fellowship*, може да заявите своя безплатен въвеждащ комплект (Free Introductory Packet). Моля, посетете *www.srflessons.org* или се свържете с Международната централа, за да поискате да ви изпратим за наша сметка тези изчерпателни допълнителни материали.

Други книги
от Парамаханса Йогананда

Книги на български език

Автобиография на един йоги

Законът на успеха

Как да говорим с Бог

Метафизични медитации

Научно-лечебни утвърждения

Напътствия на Парамаханса Йогананда

Книги на английски език

В книжарниците или онлайн на www.srfbooks.org

Autobiography of a Yogi

Autobiography of a Yogi
(Audiobook, read by Sir Ben Kingsley)

God Talks With Arjuna: The Bhagavad Gita—
A New Translation and Commentary

The Second Coming of Christ:
The Resurrection of the Christ Within You—
A Revelatory Commentary on the Original Teachings of Jesus

The Yoga of the Bhagavad Gita

The Yoga of Jesus

The Collected Talks and Essays

Част I: Man's Eternal Quest
Част II: The Divine Romance
Част III: Journey to Self-realization

Wine of the Mystic: The Rubaiyat of Omar Khayyam—
A Spiritual Interpretation

The Science of Religion

Whispers from Eternity

Songs of the Soul

Where There Is Light:
Insight and Inspiration for Meeting Life's Challenges

In the Sanctuary of the Soul
A Guide to Effective Prayer

Inner Peace:
How to Be Calmly Active and Actively Calm

Living Fearlessly:
Bringing Out Your Inner Soul Strength

How You Can Talk With God

Metaphysical Meditations

The Law of Success

Why God Permits Evil and How to Rise Above It

To Be Victorious in Life

Cosmic Chants

DVD (ДОКУМЕНТАЛЕН ФИЛМ)

Awake: The Life of Yogananda
Един филм на CounterPoint Films

God Alone:
The Life and Letters of a Saint
Sri Gyanamata

"Mejda":
The Family and the Early Life of Paramahansa Yogananda
Sananda Lal Ghosh

списание Self-Realization
(създадено от Парамахансаджи през 1925 г.)